AICO

真説 般若心経

しあわせな
青い鳥は
あなたの中に

画・文
杉田明維子

はじめに

二〇一一年の大震災、そして原発事故以降、日本だけでなく、世界もより混沌とし、私たち一人ひとりのこころも揺さぶられているように思います。

外側に意識を向けていると不安な材料は増える一方です。

般若心経は私たちの本質を氣づかせてくれる、思いださせてくれる真理を伝えてくれます。

私たちの中にある神性、仏性、本質に氣づいたら、私たちは本来、幸せであるということがわかるでしょう。

思考、感情を超えて少しでも本質に近づけたらと思い、ヴェーダ（世界最古の科学、叡智が書かれた奥義書）にも導かれながら絵と文で楽描きしてみました。

いのちはすべて繋がっています。そしてみんなでひとつです。

私たちは、この地球という星に愛を学ぶ、体験するためにやって来たのだと思います。

一人ひとりが自分を大切に愛することができたら、毎日を輝いて生活できたら……。

きっと隣りの人も、悩んでいる人も、そして太陽も地球も、森羅万象元氣になるのではないかと思います。

般若心経はこころを覆っている雲を払い、光をとり戻してくれる貴いお経です。

無我夢中で唱えていると、空も樹々も、鳥たち、虫たちも溶けあって、すべてがひとつになる感覚を味わいます。

一人ひとりのいのちは自然と一体になった時、大きな働きをします。

宇宙と人間が調和されます。

さあ、般若心経の旅を楽しんでください。

般若心経とは？

西遊記で知られている玄奘三蔵《げんじょうさんぞう》こと三蔵法師が一六年の修業を終え、六〇〇巻の大般若経の中から二七六文字に凝縮したのが「般若心経」。サンスクリット語（梵語）を音写したもので、仏陀の深遠な悟りと、大いなる知恵の完成の神髄を説いた教典である。

一切衆生《いっさいしゅじょう》悉《しつ》有《う》内在仏《ないざいぶつ》

すべての人は
皆内に仏を宿している存在である。

般若心経

観《かん》自《じ》在《ざい》菩《ぼ》薩《さつ》

人には生まれや生いたち、肌の色、身分境遇に拘わらず、既に備わった相がある。既に備わった相とは菩薩である。
自分の中に在る
菩薩を観なさい。
これが人間の実相なのだよ。

AICO

行深《ぎょうじん》般若《はんにゃ》波羅《はら》蜜多時《みったじ》

人の心（自我心）が既に在る
相を深く深く観る（正定）時、
菩薩の我に触れ、
菩薩の知恵が自ずと
湧いて来るのだよ（自然法爾《じねんほうに》）。
自分の存在を深く観た時、
存在はひとつ。

※自然法爾……自力を捨て、如来の絶対他力にまかせること。人為を捨て、ありのままにまかせること。

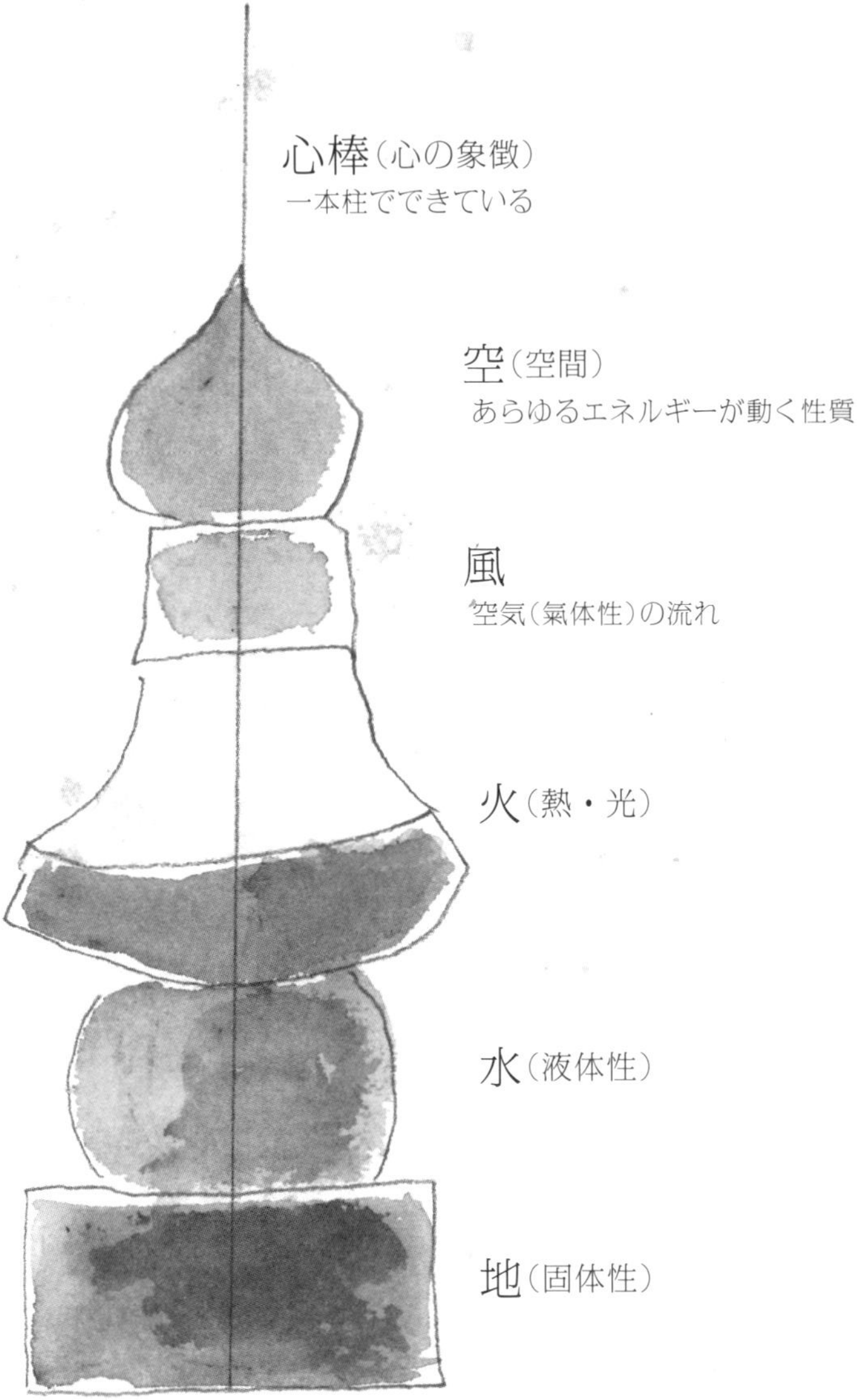
心棒（心の象徴）
一本柱でできている
空（空間）
あらゆるエネルギーが動く性質
風
空気（氣体性）の流れ
火（熱・光）
水（液体性）
地（固体性）

五重塔
＝
五蘊
＝
五元素

照見《しょうけん》 五蘊《ごうん》 皆《かい》 空《くう》

人の五感に囚われた
自我なるこころを
菩薩の知恵の光に
照らすことによって、
全ては虚しい（諸行無常）と
氣づくのである

五重塔は五元素を象徴している。この世に存在する全ては五つの集まり。五元素（五蘊）で出来ている。

それを支配しているのは心棒（心）。あなたの身体も全て五元素でできている。心棒（心）がぐらぐらしていたら、五重の塔は倒れてしまう。

人間の心がぐらついたら、身体は病んでしまう。

ピンチでも心棒（心）を真っすぐ建てていくと五元素は働きだす。五つはひとつの光からうまれている。

SORA
=本質のあなた=空
KUMO
=自我のあなた=色
AICO

度《ど》一《いっ》切《さい》
苦《く》厄《やく》
舎《しゃ》利《り》子《し》

全ての人の苦しみ、災いは
囚われの自我心であり、
菩薩の知恵の光に照らされて
雲散霧消するのだ。
あなたの中の
菩薩にゆだねてごらん。

雲は本質のあなたではないよ。
あなたの本質は永遠の空。
雲が大きくなると
空が見えないだけ。
その苦と思っているものも
手放してごらん。

色《しき》不《ふ》異《い》空《くう》
空《くう》不《ふ》異《い》色《しき》
色《しき》即《そく》是《ぜ》空《くう》
空《くう》即《そく》是《ぜ》色《しき》

色とは生きとし生けるものの、
霊的本質たるいのちの相（空）の
顕われにして、
森羅万象（宇宙全体）の顕われの相であり、
全て空の顕われである。
空とは全ての存在の
生ける知恵（般若波羅蜜）にして、
生きとし生けるものの、
霊的本質たるいのちの相である。

受想行識《じゅそうぎょうしき》
亦復如是《やくぶにょぜ》
舎利子《しゃりし》

※舎利子……我が弟子。我が友。

色相と同じく、
「受」「想」「行」「識」の四相も又、
身体（肉体感覚器官）を媒介として認識し、
受け入れる心（自我）の働きでもあり、
真我なるいのちの相（空）の
顕われなのだ。

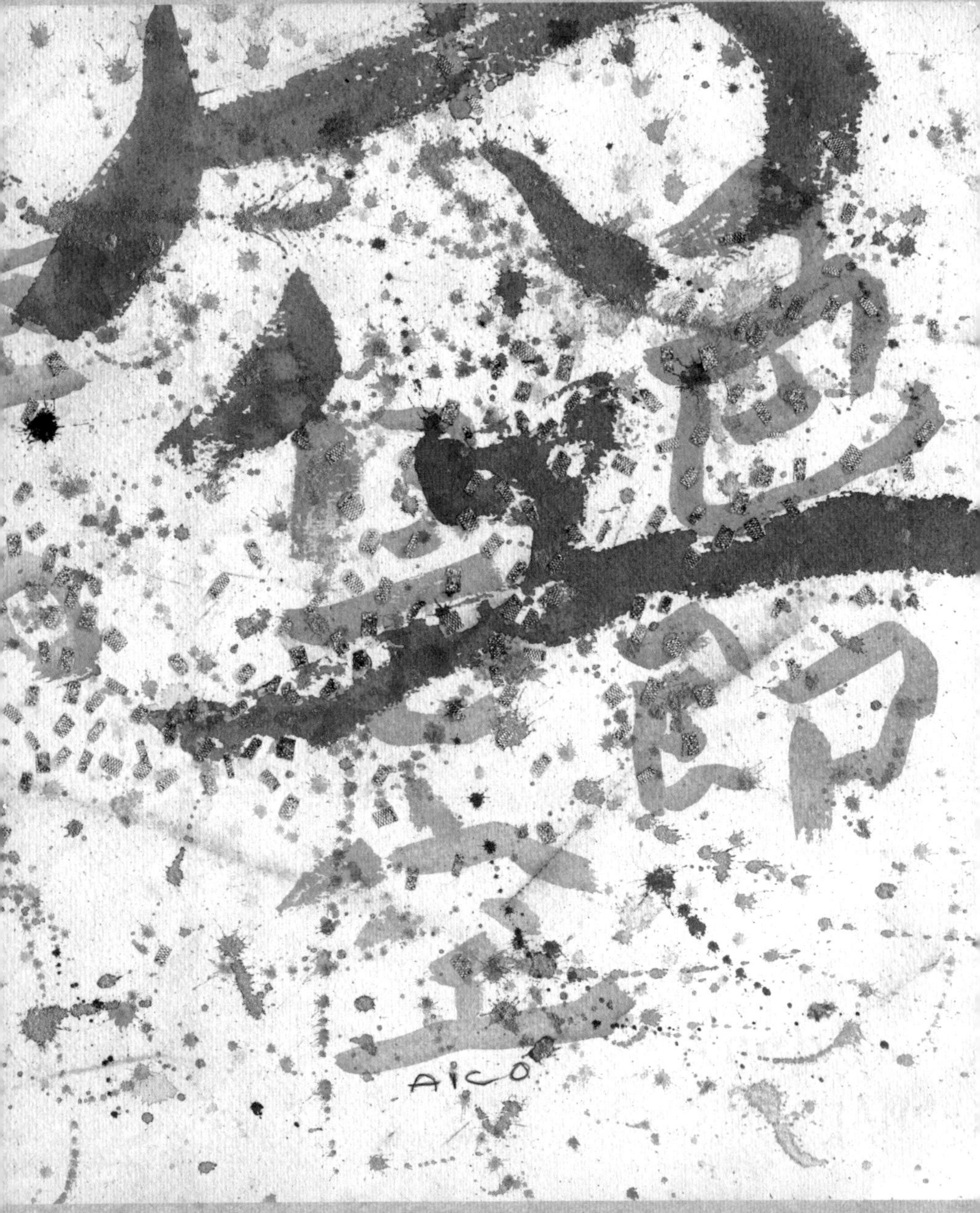
AICO

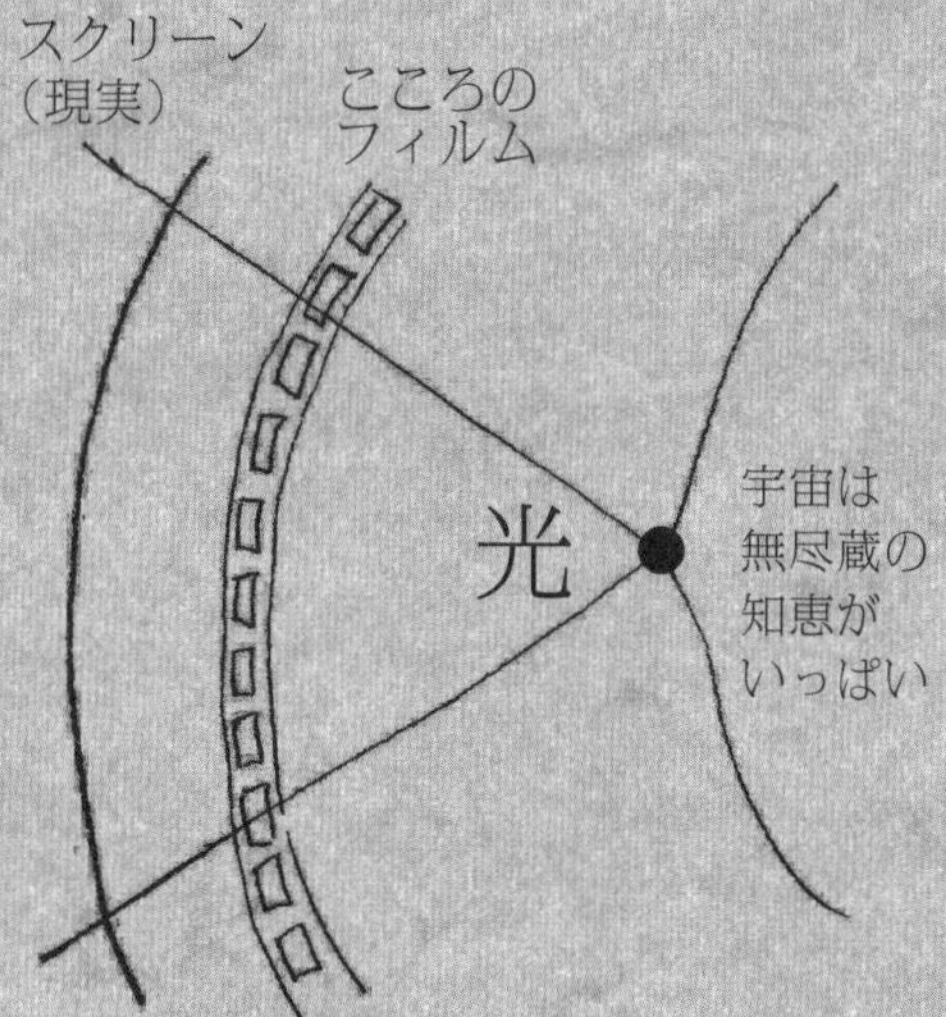

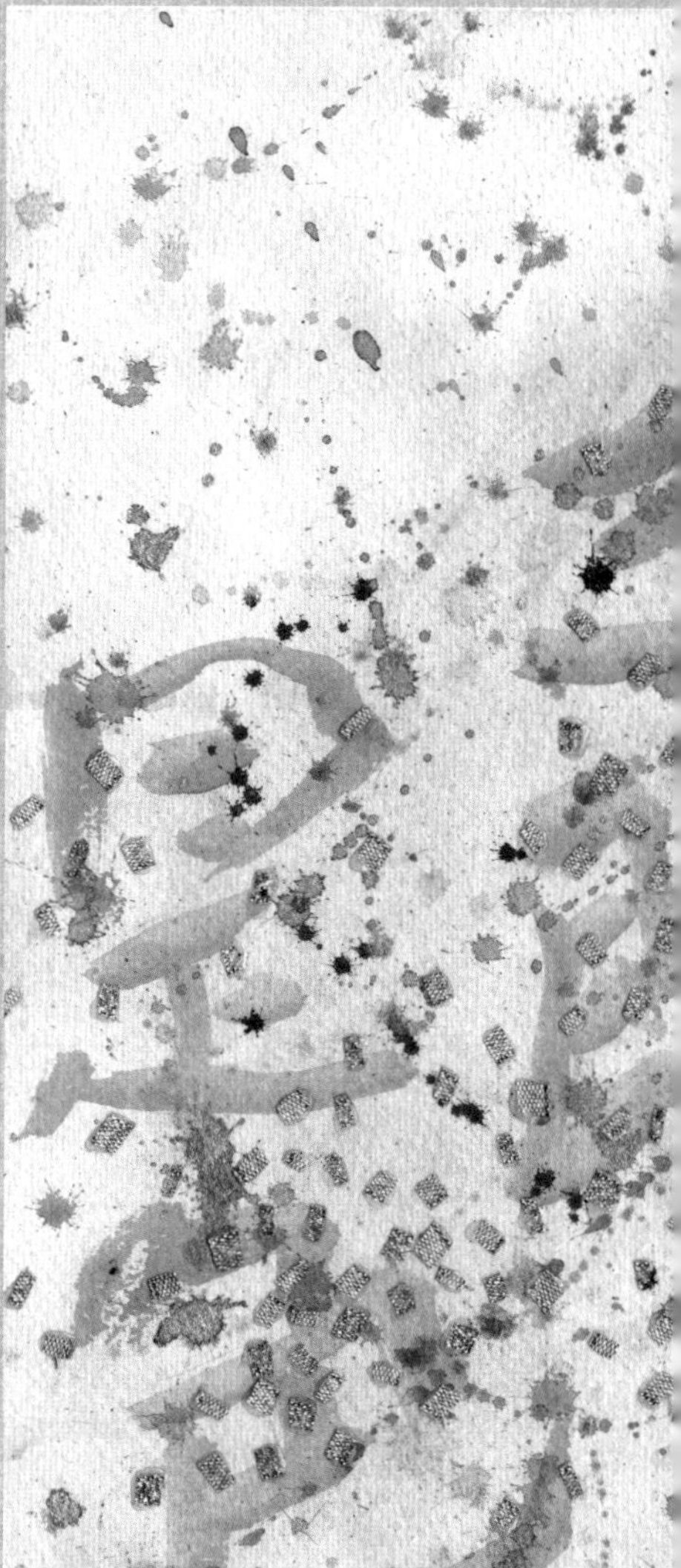

あなたの本質は空《くう》。
目に見えるものは色《しき》。
あなたのこころを空っぽに！
あなたのこころのフィルムが現実の
スクリーンに映しだされます。
こころが空っぽだと何も映りません。
でも……、光の向こう側は、無尽蔵の知恵・
宝ものがいっぱい。その知恵・宝ものが現実
のスクリーンに映しだされます。

あなたという雲
私という雲
鳥という雲
花という雲

みんなみんな
空から生まれた雲だったのだね
雲は大きくても小さくても
空から生まれた雲
空で繋がっていたのだね

あなたという雲は今日は喜び
私という雲は今日は悲しむ
大きくなったり
小さくなったり
雲の向こうには
大きな空で繋がっているのに

花も鳥も
そしてあなたも私も

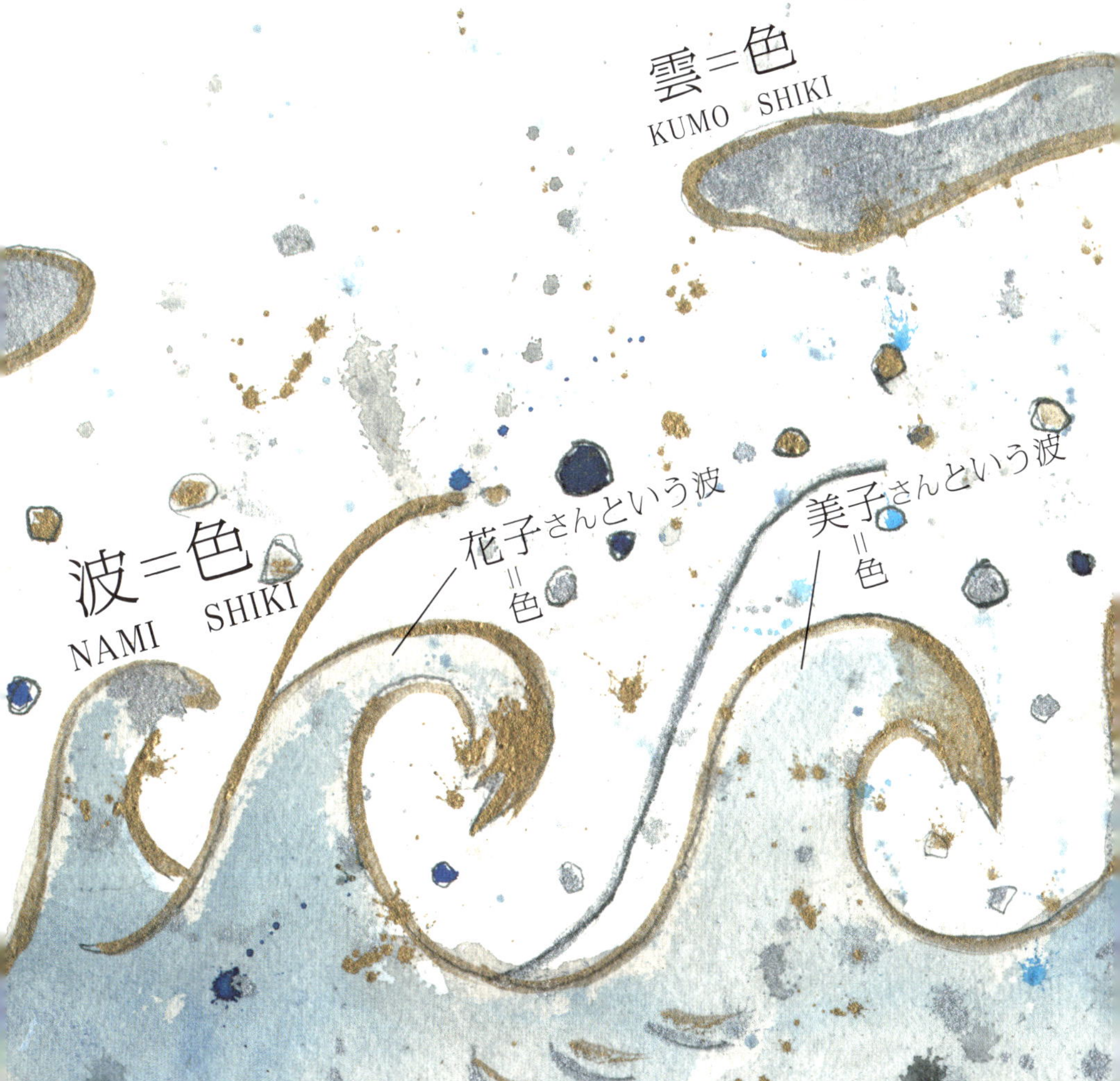

あなたという波
私という波
花という波
鳥という波

みんなみんな
海から生まれた波だったのだね
波はいつか海に戻っていく
私たちは
海で繋がっていたのだね

あなたという波は
あなたを表現し
私という波は
私を表現し
人生という舞台での
みんなが主役

花も鳥も
そしてあなたも私も

是《ぜ》諸《しょ》法《ほう》空《くう》相《そう》
不《ふ》生《しょう》不《ふ》滅《めつ》
不《ふ》垢《く》不《ふ》浄《じょう》
不《ふ》増《ぞう》不《ふ》減《げん》

自然界の理法（ことわり）即ち、
生きとし生けるものの
存在を顕わしたる諸々の
理法（四大理法・地法・水法・火法・風法）
においても、全てこれ皆、
いのちの相（空）の
顕われなのだ（諸法無我）。
いのちの相である本質（空）は、
生まれたり滅したり
するものではない。
穢れるものでも、
清らかなるものでもない。
増えたり減ったり
するものでもない。

花子さん、美子さん、太郎君と波の形は違っても、海で繋がっている。海はひとつ。あなたの本質（いのちの相）は海。

花子さんが肉体（色）を脱いだら、海に戻るだけ。また違うところでけい子さんという波で生まれるかもしれない。

波が消えても増えても、海は増えもしなければ減りもしない。波はもとの海に戻るだけ。

是《ぜ》故《こ》空《くう》中《ちゅう》 無《む》色《しき》 無《む》受《じゅ》想《そう》 行《ぎょう》識《しき》

いのちの相は
そのまま只在るものにして
色相（形あるもの）は
その顕われである。
「受」相、「想」相、
「行」相、「識」相も
同じくその顕われである。

AICO

aico

無《む》眼《げん》耳《に》鼻《び》舌《ぜつ》身《しん》意《い》
無《む》色《しき》声《しょう》香《こう》味《み》触《そく》法《ほう》
無《む》限《げん》界《かい》乃《ない》至《し》無《む》意《い》識《しき》界《かい》
無《む》無《む》明《みょう》亦《やく》無《む》無《む》明《みょう》尽《じん》
乃《ない》至《し》無《む》老《ろう》死《し》
亦《やく》無《む》老《ろう》死《し》尽《じん》

眼、耳、鼻、舌、身、意の六根も、
いのちの相の顕われである。
色、声、香、味、触、法の六境も、
いのちの相の顕われである。
空は目に映る世界ではなく、
意識在る世界でもない。（感覚器官を媒介として、対象を認識し、識別する心の働き（自我意識）においても、いのちの相の顕われにして、いのちの相そのものではない。）
いのちの相（空）そのものは迷うことはない。
しかし、いのちの相の顕われたるこころ（自我）において創りなす迷いは、こころの顕われにして変転

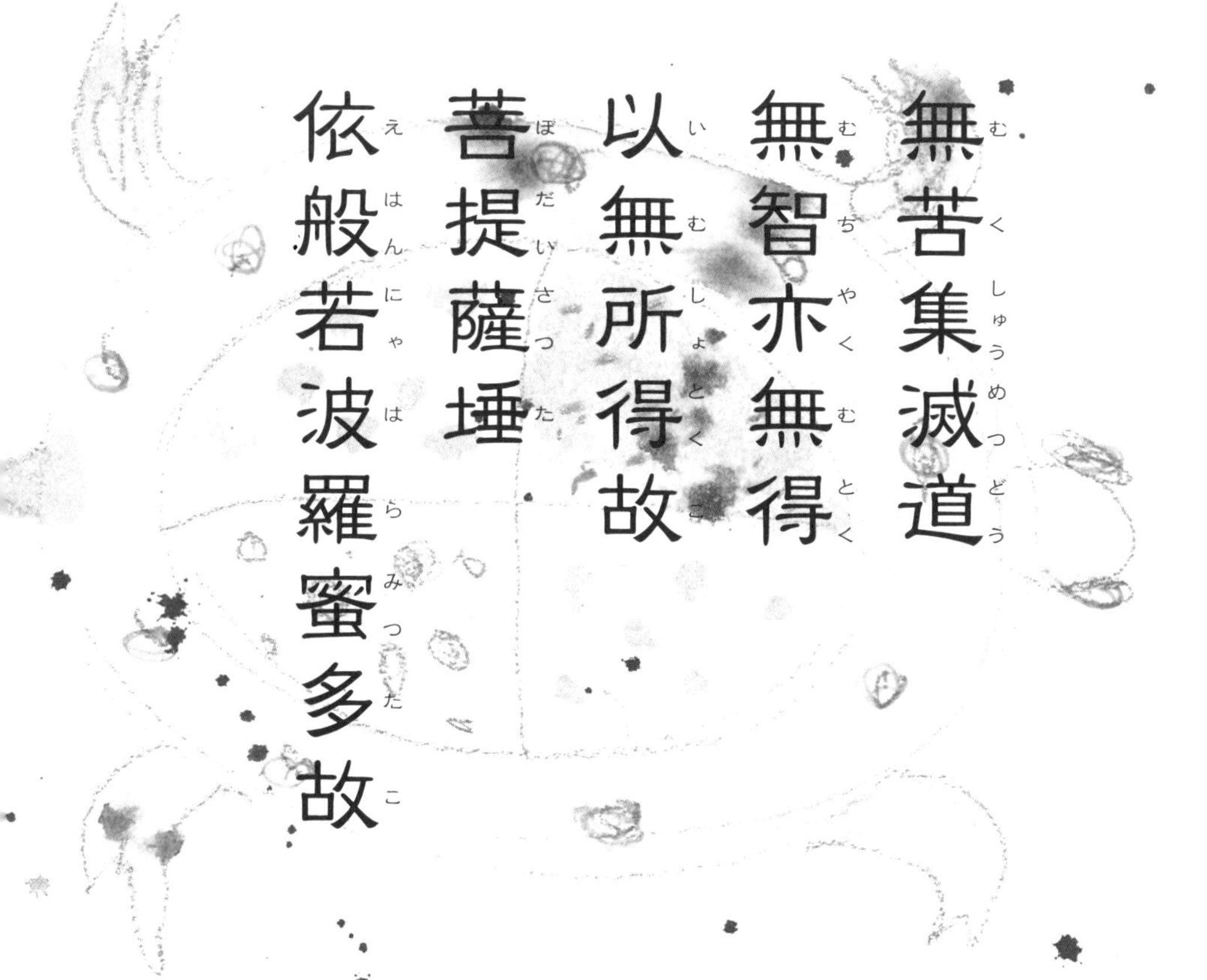

無《む》苦《く》集《しゅう》滅《めつ》道《どう》
無《む》智《ち》亦《やく》無《む》得《とく》
以《い》無《む》所《しょ》得《とく》故《こ》
菩《ぼ》提《だい》薩《さっ》埵《た》
依《え》般《はん》若《にゃ》波《は》羅《ら》蜜《みっ》多《た》故《こ》

万化し迷いの尽きることもない。

いのちの相（空）そのものは老い死することはない。

しかし、いのちの相の顕われたる肉の身は、常に変転万化し、老いる事、死することの尽きることもない（一切皆苦）。

苦法（諦）、集法（諦）、滅法（諦）、道法（諦）は、いのちの相（空）の顕われを知る諸法ではあるが、いのちの相そのものではない。

いのちの相は真理そのものである。

観《かん》自《じ》在《ざい》内《ない》在《ざい》仏《ぶつ》

すべての人の中に
あなたの中に
仏さまが存在している。
自分の中にある仏さまを
観てごらん。

85% 過去
（過去は記憶でしかない）

あなたは、
我を過去という
時間に持っていかれる

◆後悔　◆劣等感
◆うらみ　◆トラウマ
◆ねたみ

10% 未来
（未来はまだ来ていない）

あなたは、
我を未来に盗まれる

◆心配　◆不安
◆おそれ

5% 今
（我に帰る。今）

人はほとんど過去や未来に持っていかれ、
悩みをつくったり、不健康になってしまう。
こころと身体が揃えば（今にいれば）、
それだけで幸わせになれる。
無限に続いているのは今だけ。

今に生きよう!!
（エデンの園）

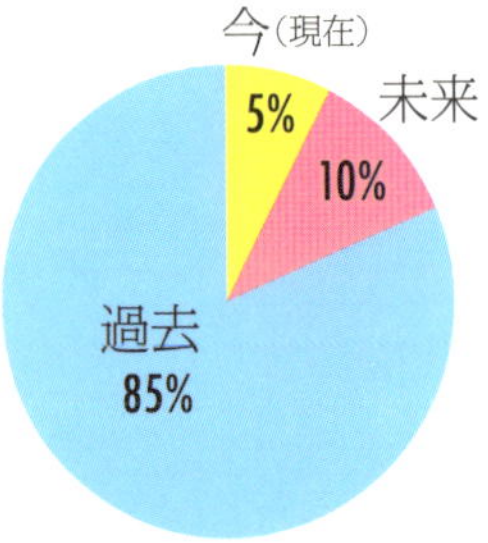

幸わせの玉手箱

人があなたをどう思うかでなく、
あなたがあなた自身をどう思うか。
本当に大切なものは自分の中にある。
悟ろうと思うのではなく、
ただ思いだせばいいのだ。
今、現在にアクセスするだけ!
心配をやめるだけで
人は幸せになれる。
神（菩薩）の国は、あなたの中にある。
すべての人の中にある
真我を目ざめさせよう。
自我とはあなたの中にある神、愛、
真理を知らない部分。
エゴ（自我）を越えたとき、
本来のあなたの美しさが輝き、
そして奇蹟がおきるのです。
自分のいのちの可能性を
信じよう。

心《しん》無《む》罣《けい》礙《げ》
無《む》罣《けい》礙《げ》故《こ》
無《む》有《う》恐《く》怖《ふ》
遠《おん》離《り》一《いっ》切《さい》
顛《てん》倒《どう》夢《む》想《そう》

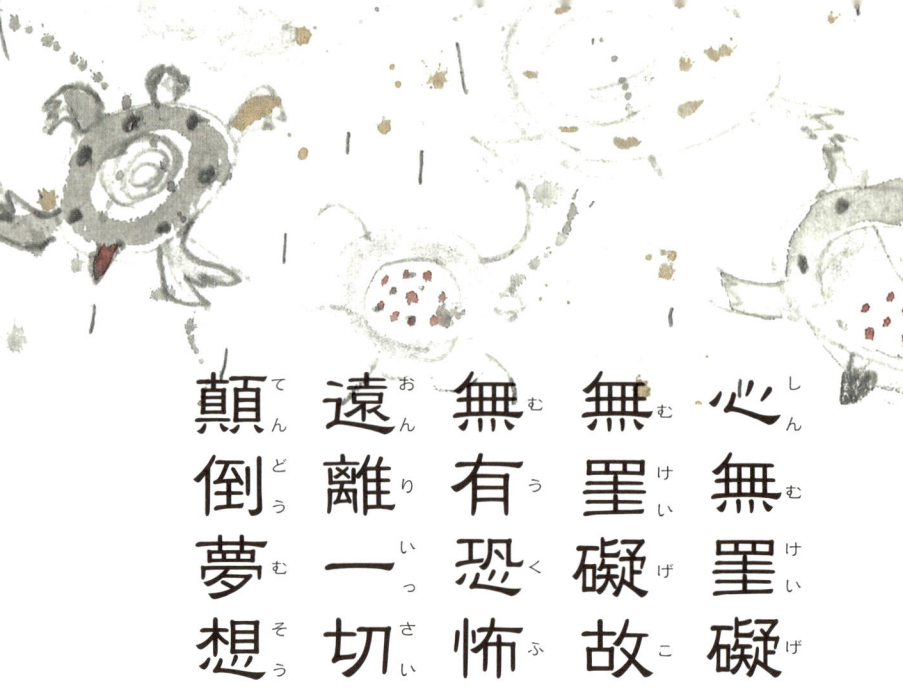

こころにこだわりを持たなく
こだわりがないから恐れがなく、
一切の妄想を遠ざけて、
全ては自我なるこころが
自ら（自我）を実在として観た夢、
幻、錯覚に過ぎなかったのだと
自覚するに至る（正念）。
在るがままを語り（正語）、
何ものにも囚われず行ないなさい（正業）。
一日一日を大切に暮らしなさい（正命）。

究《く》竟《きょう》涅《ね》槃《はん》
三《さん》世《ぜ》諸《しょ》佛《ぶつ》
依《え》般《はん》若《にゃ》
波《は》羅《ら》
蜜《みつ》多《た》故《こ》

本来在る処の在るがままの、
生けるいのちの相（真我）を
求めなさい（正精進）。
前世（過去）、現世（現在）、来世（未来）をも
貫き通す、生きとし生けるいのちの相（空）
の知恵の導き（般若波羅蜜）によりて、
何時しかこころ（自我）は、生きとし生ける
霊的本質たるいのちの相（空）と一つとなる。
この時（正覚・解脱）、無上の悟りを
得る処となるのだ（涅槃寂静）。

Meditation
瞑想

瞑想

瞑想はこころを現在（今）に繋ぐ
最高のｍｅｄｉｃｉｎｅ（薬）。
「０」「青空」をみることが瞑想。
「０」とは雲一つない青空の境地。
空は永遠、始まりも、終わりもない。

あなたがあなたに全面的にくつろげる。
一日何回かあなたと繋がるように。

雑念は消そうとせず、放っておく。
脳のスイッチをｏｆｆにし、真我の世界をｏｎにする。
ハートが脳を使いだす。

仏陀が座禅をすすめたのは、
こころと身体を同じ場所に座らせ続けるため。
こころと身体がシンクロしたら、勝手に無念無想になる。
あなたのこころはいつも過去か未来に行ってしまう。
こころと身体と霊が一つになっていると
完全な平安状態でいられる。
何がおこっても平安。

AICO

AICO

あなたを救う力は
あなたの中に
あるのだよ。
性格がいい悪いでなく、
蓮の花が開いているか
閉じているかだけ。

ゼロという神に
通じている。
悲しみをゼロに
返すことができる。
空に返して
あげることができる。

蓮の花は泥水の中で美しく咲いている。
私たちの一生も、いろいろある中で、
蕾が開いて咲けたら……（あなたはしあわせ）
あなたが咲きだしたら、
周りが咲きだしていく。
全人類に花が咲くように！
大事な生き方は
蓮の花を開いて生きられるか。
天を感動させる生き方をしたら
天が動いてくれる。
ジャッジをしない。
自分がみている現実はすべて自分の宇宙。
チャクラは蓮の花と同じ形をしている。
蓮の花がすべて開いていると
宇宙が応援してくれる。
チャクラが開いて宇宙と繋がると
シンクロがどんどんおきてくる。
パズルがあうようにあっていく。

※チャクラとは……ヨーガの身体観で会陰部から頭頂部まで
の各所に存在するエネルギーの集結部。

得《とく》阿《あ》耨《のく》多《た》羅《ら》
三《さん》藐《みゃく》三《さん》菩《ぼ》提《だい》
故《こ》知《ち》般《はん》若《にゃ》波《は》羅《ら》蜜《みつ》多《た》
是《ぜ》大《だい》神《じん》呪《しゅ》
是《ぜ》大《だい》明《みょう》呪《しゅ》
是《ぜ》無《む》上《じょう》呪《しゅ》

在るがままの生けるいのちの相より来る知恵（般若波羅観蜜）は、生きとし生けるもの全ての、一なるいのちの相の元に至る導きの知恵にして、いのちの相より来る導きの真言である。

この真言は、在るがままのいのちの相の真実を明らかにする真言である。

この真言は、この上ない悟りの真言である。

この真言は、他の真言と比較することはできない。

是《ぜ》無《む》等《とう》等《とう》呪《しゅ》
能《のう》除《じょ》一《いっ》切《さい》苦《く》
真《しん》実《じつ》不《ふ》虚《こ》
故《こ》説《せつ》般《はん》若《にゃ》波《は》羅《ら》蜜《みっ》多《た》呪《しゅ》
即《そく》説《せつ》呪《しゅ》曰《わつ》

この真言は、全ての迷い、苦しみをこころ（自我）より除き去る。
この真言は、真実在るものにして、それ故に創られたものではない。
生きとし生けるいのちの知恵（般若波羅蜜）の真実を明らかにする。
即ち、
真言の意味を明らかにしよう！
その真言の意味とは、
〝いのちの相は
いのちの元（彼岸）であり、
実相であり、
空である〟

AICO

羯《ぎゃ》諦《てい》
羯《ぎゃ》諦《てい》
波《は》羅《ら》羯《ぎゃ》諦《てい》
波《は》羅《ら》僧《そう》羯《ぎゃ》諦《てい》
菩《ぼ》提《じ》薩《そ》婆《わ》訶《か》

「ぎゃあてい」

さあ、いのちの元（親元）へ帰ろう！

「ぎゃあてい」

いのちの元（親元）へ向かって帰ろう！

「はらーぎゃあてい」

誰も皆、いのちの元（親元）より来た！

「はらーそうーぎゃあてい」

人は皆、いのちの元（親元）より来た
同胞なのだ！

般《はん》若《にゃ》心《しん》経《ぎょう》

「ぼーじーそーわーかー」
いのちの元（親元）より来る
知恵（般若波羅蜜）に導かれ、
皆いのちの元（彼岸）に
至るのだ！

……此岸から彼岸へ……

生きとし
生けるもの
森羅万象
すべてはひとつ。

あなたも
鳥も花も
魚も樹々たちも
みんな
みんな
繋がっている。

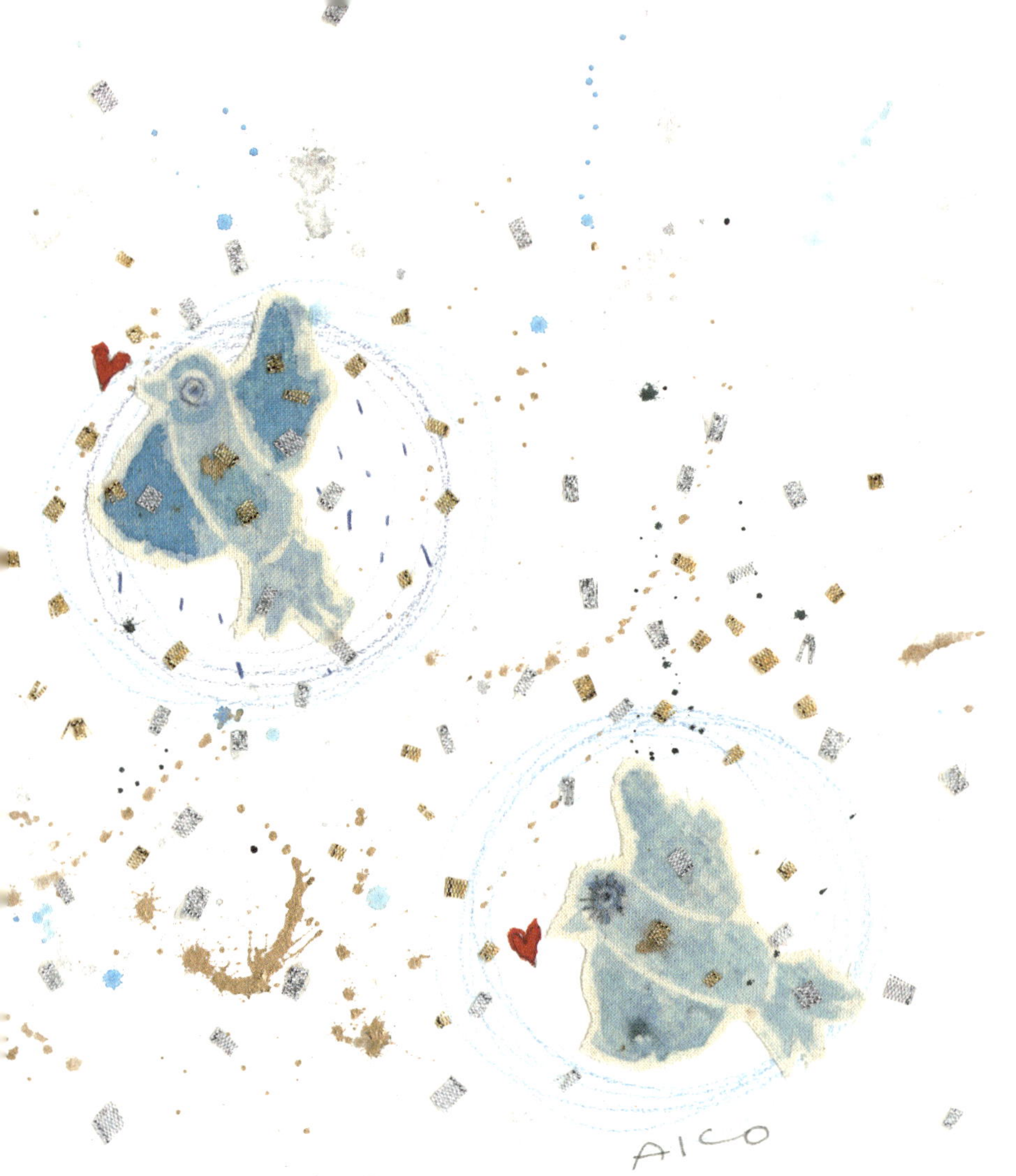

しあわせな青い鳥はあなたの中に――

・無条件の愛
・平安
・理由のない幸せ、至福
・真理
・自由、喜び、豊かさ、能力

これらすべてパッケージで本来あなたの中に備わっている。思い出すだけ。


あなたはあなたのマスター(主人公)でなければいけない。目的地に連れていってあげなければいけない。

車=身体=体格。

ハンドル=心=性格。

ドライバー＝霊（真我）＝霊格＝真我＝神格。

本当のあなた
あなたのすべて
こころと身体を動かしている。

こころはコロコロ変わる。
喜んだり悩んだり……。

こころを良くしようとするのではなく、ドライバーの目を覚まさせることが大事。

綺麗な〝こころ〟があるのではなく、ハートが開いているだけ。

きたない〝こころ〟があるのではなく、ハートが閉じているだけ。

仏陀のことばより

悲しみがあれば喜びがあり、
喜びがあれば悲しみがある。
悲しみも喜びも超え、
善も悪も超えて
はじめてとらわれなくなる。

形を造っている世界が色。
殆んどが色即是空になっていない。
色別空になっている。

一切のものは
無常であると知るのが
明らかな知恵であり、
人は苦しみから遠ざかる。
これこそが
清らかになる道である。

自分の感情や
自分の考え方を
超えて生きなさい。
手放して脱いで生きなさい。
感情を脱ぎなさい。
その向こうにあなたはいるのだ。
0でありなさい。

他人の間違いに目を向けるな。
他人がしたこと、
しなかったことに目を向けるな。
ただ、自分がやったこと、
やらなかったことだけを見つめよ。

霊とは雲ひとつない
青空のようなもの。
ゼロの境地である。

戦いにおいて
百人に勝つよりも、
唯一つの己に勝つものこそ
最上の勝利者である。

あなたの中に
救う力がある。
それを教えに
来ただけだよ。

汝自身の心からも自由になれ。
素敵な恋愛をしたかったら
心を超えて生きなさい。

過去は終わった幻
であることを
悟りなさい。
時間は現在しかない。

春がくれば蕾は自ずと花開く。
心静かに透明になって
光があふれたら花は咲く。
頭がごちゃごちゃになると
嵐がくる。

全部あなたの中にある。
自分の中に
愛が一つあれば、
真理一つあれば、
すべてである。

人が不幸になることの方が
奇蹟である。
幸せはただ幸せ！

摩訶般若波羅蜜多心経
観自在菩薩
行深般若波羅蜜多時
照見五蘊皆空
度一切苦厄
舎利子

色不異空
空不異色
色即是空
空即是色
受想行識亦復如是
舎利子

是諸法空相
不生不滅
不垢不淨
不增不減
是故空中無色無受想行識
無眼耳鼻舌身意
無色声香味触法

無眼界乃至無意識界
無無明亦無無明盡
乃至無老死
亦無老死盡
無苦集滅道無智亦無得
以無所得故

菩提薩埵
依般若波羅蜜多故
心無罣礙 無罣礙故 無有恐怖
遠離一切顛倒夢想
究竟涅槃 三世諸佛
依般若波羅蜜多故

得阿耨多羅三藐三菩提
故知般若波羅蜜多
是大神咒
是大明咒
是無上咒
是無等等咒

能除一切苦
真実不虚
故説般若波羅蜜多呪
即説呪曰
羯諦

羯諦
波羅僧羯諦
菩提薩婆訶
般若心経

おわりに

ストーンと胸におちる。

きっと新しい知識が身についたのではなく、本来、自分の中の真理、本質に触れた時に、思いだすのかもしれません。

色々な知識や思考をプラスしていくのではなく、どんどんマイナスしていくと、私たちの本質に出会うように思います。

今までは、プラスしていく発想で色々なこと、ものを増やすことで、豊かさを味わってきました。

いつの間にか、私たちの中にある自我の欲の部分が頭をもたげ、もっともっとと競争になり、頂点に近づくほど成功者だと、世間も私たちも認めていたのではないでしょうか。

教育、仕事、生活、すべてが人との比較や人の価値、特別であることの優越感に満足したり、ある時は挫折を感じ、身もこころもボロボロになったりと、善い悪いのくり返しをしているような氣がします。

精神の発展途上にある私たちは、真理という高い山の登り方は色々あるのでしょうが、お釈迦さま、イエスそして覚者の導きによって、本質の私たちに氣づき、毎日が地上天国になることを祈らずにはおられません。

個々の価値観、国の価値観が争いをつくり、自分の正しさを主張して勝敗をつけようとします。

宇宙から見たら、善いも悪いもコインの裏表、表裏一体です。価値観を手放し、できるだけこころを空っぽにして、自分の中の仏さま、神さまに近づけたら、無尽蔵の宇宙の知恵が私たち一人ひとりに、宝ものが降りそそいでくるのだと思います。

この世にあなたはひとりしかいません。すべての主人公です。あなたらしくキラキラと輝いて……。

般若心経、そしてヴェーダの知恵が、そして沢山の方たちのご指導を仰ぎながら、今回の楽描きができました。

特に般若心経の訳は、清水浦安氏のお知恵をいただきながら、何とかまとめることができました。

すべてを導いてくださった方たちに心から感謝をこめて。

そして、生きとし生けるいのちの存在に愛と感謝をそそぎながら……。

お経は不思議なもので、毎日唱えていると、憶えようとしなくても、自然にでてきます。

さあ、あなたも般若心経と仲良くなって、本質の自分と対話してみませんか。

あなたは宇宙の中心そのものです。

合掌

原画を描きあげた
この夏のある日。
美しいアゲハ蝶が
飛んできて、
私の胸元にとまりました。
宇宙の中心はあなただよと
念を押すように。
ありがとう！
すべてのいのちたち。

杉田明維子（すぎたあいこ，AICO）

岐阜県生まれ。女流画家展出品（76～86年）以来、昭和会展、安井賞展、月次展、アンチーム展など数々の展覧会に出品。
また、パリ、サンパウロ、プサンなどの国際展に出品。
クリティック賞受賞（日仏現代展パリ）。
現在は個展、グループ展など古代から宇宙をテーマに発表。
絵本 —「おつきさま」（架空社）「五月のおしゃべり」（海豹社）「うまれるってうれしいな」（清流出版）
表紙 — 朝日ジャーナル、母の友（福音館）他、
装画 — JAL機内誌「ウインズ」茶木滋著「めだかの学校」迫登茂子著「自分の心に気づく本」宮静枝著「さっちゃんは戦争を知らない」田中美智子著「つれづれに」他。

真説 般若心経
しあわせな青い鳥はあなたの中に

発行日	2012年10月11日
定　価	本体1100円＋税
著　者	杉田明維子
企画・協力	四季彩舎 石井恵子
発行所	株式会社 青月社 〒101-0032 東京都千代田区岩本町3-2-1 共同ビル8F TEL 03-5833-8622　FAX 03-5833-8664
発売元	株式会社 キャリイ社 〒101-0032 東京都千代田区岩本町3-2-1 共同ビル8F TEL 03-6679-3496　FAX 03-5833-8664
印刷・製本	株式会社シナノ

ISBN 978-4-8109-1258-6